Thelwells
Haus- und Gartenfibel
Cartoons

Deutscher
Taschenbuch
Verlag

dtv

Von Norman Thelwell
sind im Deutschen Taschenbuch Verlag erschienen:
Thelwells Reitlehre (1175)
Die lieben Kleinen (1668)
Thelwells Segelschule (11233)
Für die Katz (11467)

Dezember 1978
8. Auflage April 1993
Deutscher Taschenbuch Verlag GmbH & Co. KG,
München
Auswahl aus:
›Ein Zuhause! Von Maklern, Käufern und ihren Objekten‹ ·
Hamburg 1965 · Deutsch von Bernd Dieter Laser
›Hinter'm Gartenzaun. Thelwell's kleine Gartenfibel‹ ·
Hamburg 1968 · Deutsch von Christoph Gutknecht

Titel der englischen Originalausgaben:
›A Place of Your Own‹ und ›Up the Garden Path‹
(Methuen & Co. Ltd., London 1960 und 1967)

Umschlaggestaltung: Celestino Piatti unter
Verwendung einer Zeichnung von Norman Thelwell
Gesamtherstellung: C. H. Beck'sche Buchdruckerei,
Nördlingen
Printed in Germany · ISBN 3-423-11680-3

»Hier steht: ›Nr. 98 Preisnachlaß bei raschem Kauf‹.«

DER MAKLER

»Ich fürchte, morgen ist es schon weg.«

»Sehen Sie sich unten gleich mal den Keller an!«

»Ich vergaß zu sagen, daß die Handtuchhalter geheizt sind.«

»Zugegeben, es leidet ein wenig unter Feuchtigkeit.«

»Dies ist das Wohnzimmer.«

»Sie wollen nun doch nicht verkaufen.«

»Darf ich Ihnen den Swimming-pool zeigen, Fräulein Pringel?«

»Ich habe *das* Haus für Sie gefunden.«

»Wieviel haben Sie denn flüssig?«

»Nur unter der Hand zu haben ...«

»Natürlich sind es Einzelhäuser.«

»Fruchtbares Stück Land dabei.«

»Na, jetzt hat sie wohl angebissen.«

... wie geschaffen für eine individuelle Neugestaltung ...

... erfreut sich völliger Abgeschlossenheit ...

... bezugsfertig ...

... nahe beim Golfplatz ...

… für Luftkuren geeignet …

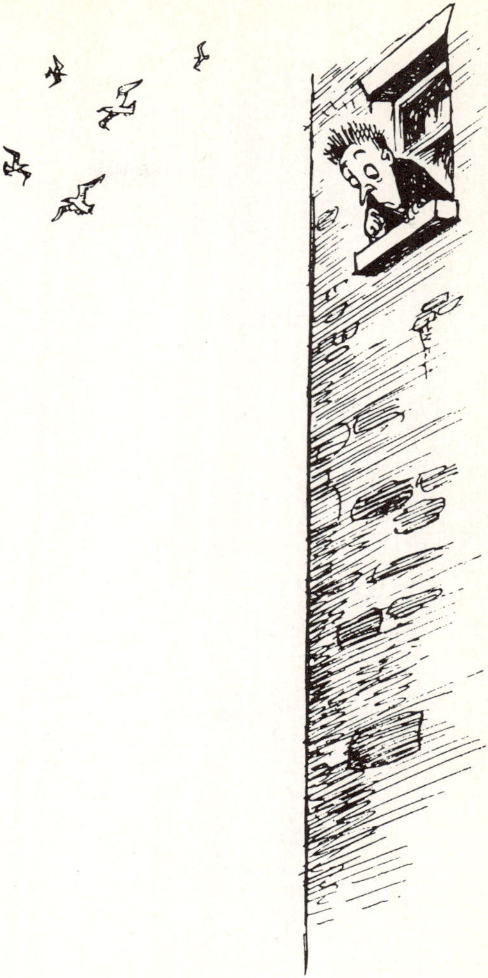

... 200 m über dem Meeresspiegel ...

... im Herzen der Jagd ...

... eigene Wasserversorgung ...

... in Schulnähe ...

... leicht zu pflegender Garten ...

… sehr gesuchte Aussicht …

»Mögen Sie eigentlich selbstgezüchtete Pilze?«

»Haben Sie je einen Holzwurm *gesehen*?«

»*Eins* hat es für sich – Sie würden hier nie einsam sein.«

»Wenn ich gegen diese Mauer trete, laufen Sie, was Sie können!«

»Ich fürchte, das Abreißen kostet mehr, als das ganze Haus wert ist.«

»Falls er anfängt herumzutoben, würde ich ihn lieber nach unten bringen.«

»Das *eine* will ich Ihnen sagen – es ist verdammt schwach gebaut.«

»Auf jeden Fall – Strom ist drin.«

»Ich kann Ihnen nur raten: Lassen Sie die Kanalisation überprüfen.«

»Das verdammte Ding da würde ich zuschütten, wenn es mir gehörte.«

»Denk doch mal nach – es hieß ›Nahe der Buslinie‹.«

DIE BESICHTIGUNG

»Ich würde mich schnell entschließen – der Denkmalschutz ist schon interessiert.«

»Nein! Dies ist Nr. 16.«

»Wir haben eine Menge an dem Haus gemacht, seit wir hier sind.«

»Der Keller ist zugemauert – seit der Nacht, in der die arme Alice starb.«

»Wir haben das Holz im ursprünglichen Zustand erhalten.«

»*Das* hat sie früher nie getan.«

»Die eigene Stromanlage enthebt Sie aller Sorgen.«

»Dies ist die kleine Höhle meines Mannes.«

»Ich würde Ihnen dies auch billiger überlassen.«

»Wenn *das* Ihre einzige Sorge ist – die Toilette im Haus werden wir gleich haben.«

»Bleiben Sie ruhig sitzen! Wir schauen uns nur mal um.«

BAD

»*Wirklich* nicht der Rede wert – ich habe selbst Kinder.«

»Vielen Dank – wir lassen von uns hören.«

»Nimm den Hut ab im Haus!«

»Sie wollen also kaufen?

Dann ist da natürlich noch die Provision.«

HILFE
TUT NOT
VIELEN
DANK

Wurzelstöcke

Gartenverhau

Kleine Würmer

Immergrün (überwinternd)

Klei-dung

Vogel
(Pflanzen)schutzgebiet

Steinkraut

Gartenwalze(r)

Fallobst

Abdampfen

»... und dort im Anschluß an den Rasen kommt dann ein Teich mit Lilien und einem Springbrunnen und eine Pergola und eine süße kleine Sommerlaube ...«

»Ich will den Mist etwas verteilen.«

»Den Gartenzwerg mochtest du wohl nicht, oder?«

»Wer hat den Hahn so weit aufgedreht?«

»Um das dort zu kriegen, sind wir den Montblanc tausend Meter hochgekraxelt.«

»Zahlen wir ihm dafür eigentlich fünf Mark die Stunde?«

»Sie stehen auf meinem Schalottenbeet, Kerl!«

Liebe zum Nachbarn ist Geben und Nehmen.

Man sollte niemals das schöpferische Treiben seines Nachbarn kritisieren ...

... oder ihm ungebetene Ratschläge erteilen.

Ist er in Not, so sollte man ihm natürlich helfen.

Doch stets ist seine Privatsphäre zu achten.

Wenn seine Tiere umherstreunen, muß man ihm natürlich Bescheid sagen.

Rachegefühle sollte man unterdrücken.

Der Eigentümer eines Grundstückes kann von einem Nachbargrundstück herüberragende Zweige abschneiden und behalten (nach § 910 BGB).

Der Beseitigende erwirbt nicht das Eigentum und muß die Abholung gestatten (§§ 867, 1005 BGB).

Manche haben Spaß daran, kunstvolle Anlagen zu schaffen,

andere bevorzugen schlichte und moderne Methoden.

Ein Springbrunnen bereitet immer wieder große Freude.

Am Beckenrand findet man oft Muße, die Probleme des Gartens zu durchdenken.

Sie werden verblüfft sein, in Ihrem Garten Wildvögel anzutreffen ...

... und viele andere Dinge, die Sie dort früher nicht erblickten.

Eines ist sicher:

Die Ruhe und Gelassenheit des Wassers werden Sie als unwiderstehliche Anziehungskraft empfinden.

Zimmerpflanzen können wesentlich zur Ausschmückung Ihres Raumes beitragen,

doch Ableger sollte man erst einpflanzen, wenn man mit ihrer Pflege genauestens vertraut ist.

Haustierchen sollte man sorgfältig schützen, bevor man zu chemischen Sprühmitteln greift.

Zuviel Wasser ist für die meisten Pflanzen von Nachteil,

und falsche Düngung kann sie ungünstig beeinflussen.

Tabakrauch ist schädlich für Topfpflanzen,

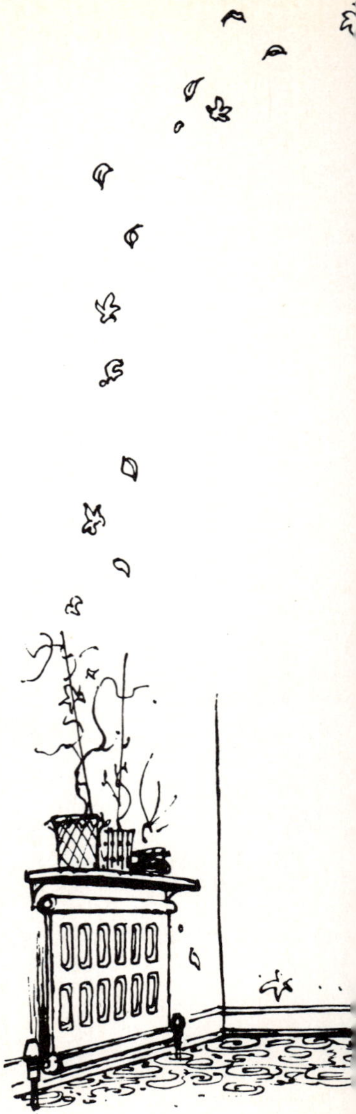

während Heizungsluft manchmal die Blätter lockert.

Man sollte mit jungen Pflänzchen keine zierlichen Läuse einschleppen.

Wenn sie auftauchen, muß man sie sogleich vernichten.

Für jede Pflanze ist der geeignete Platz auszusuchen.

GÄRTNERS KALENDARIUM

Januar

Diese Zeit ist am besten geeignet, Pläne für das kommende Jahr zu schmieden.

Man suche ein abgelegenes Plätzchen ...

... und lege einen Komposthaufen an.

Auf Schädlinge achten!

Ein feuchter Monat: Rasen gut durchharken und für Abfluß sorgen.

Notieren Sie sich, wo die Wege glatt und schlüpfrig sind.

Ausbesserungen treffen, bevor es Ärger gibt.

Ihre Geranien dürfen nicht zuviel Wasser bekommen.

Sichern Sie alles, was der Sturm bedroht.

Frostaufbrüche sollten beseitigt werden,

ebenso wie Hagelschäden.

Nutzen Sie die Freizeit: Basteln Sie sich einen Sitz aus Naturholz,

entspannend für die Freizeit.

Aller Unrat ist anschließend im Garten zu verbrennen.

April

Ihr Rasen beginnt nun langsam zu wachsen.

Holen Sie den Mäher von seinem Platz.

Versuchen Sie, alles übrige an seinem Platz zu lassen.

Maschine kurz anwerfen.

Kleine Reparatur (Do it yourself).

Anschließend zum Fachmann ...

... und dann die Sense suchen!

Viel Freude hat man an den Vögeln in diesem Monat.

Man bereite ihnen genügend Nistplätze.

Auf keinen Fall die Jungen stören!

Juni

Jetzt kommt die schöne Zeit der Blattläuse, Tausendfüßler, Kornwürmer, der Schafräude und Klauenseuche, der Fliegen, Bienen, Wespen, Motten und Wanzen.

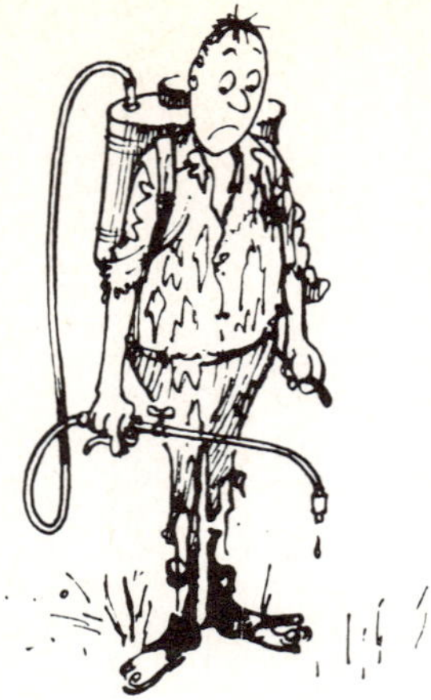

Es gibt schon viele wirksame Chemikalien auf dem Markt,

doch man greift oft lieber zu eignen Methoden.

Fragen Sie endlich einmal nach, warum der Mäher noch nicht da ist.

Juli

Die Dürre dieses Monats kann mancherlei Probleme aufwerfen.

Verkrustete Erde auflockern!

Feuchtigkeit hineinbringen ...

... und dann in Sicherheit begeben, bevor der Blitz einschlägt.

Jetzt müssen ganztägig alle Kräfte mobilisiert werden. Ferienreise in diesem Monat ausgeschlossen.

Suchen Sie einen Freund, der während Ihrer Abwesenheit auf Ihre Sachen aufpaßt.

Schleichen Sie so, daß nicht einmal Nachbars Hund es merkt.

Alles Leichtverderbliche mitnehmen!

Sind Sie endlich fort – erholen Sie sich am ganzen Leibe.

Wenn Sie heimkommen, brauchen Sie Ihre ganze Kraft.

An ihren Früchten sollt ihr sie erkennen.

Haupterntezeit für Kartoffeln.

Vorsicht! Früchte können keine Stöße vertragen!

Auf wilde Kletterpflanzen achten!

Oktober

Alle Blätter zu einem Komposthaufen zusammenkehren: das ist unschätzbare Pflanzennahrung.

Nicht im Garten verteilen!

Dann anzünden!

Feuer unter Kontrolle halten!

Die Asche ergibt wertvollen Dünger.

Vorsicht! Nicht zu früh im Garten verteilen!

November

Der Rasen wächst nun nicht mehr weiter.

Man wird Ihren Mäher wiederbringen,

und Ihr Nachbar wird ihn sich ausleihen.

Wer Unrat verbrennt, achte auf nichtkrepierte Feuerwerkskörper.

Wer jetzt den Garten vernachlässigt, der hat im nächsten Jahr viel Arbeit – also immer dranbleiben!

Man sollte die Vögel nicht vergessen – sie haben jetzt schlimme Zeiten.

Auch die festliche Zeit bringt ihre vertrauten, lieben Pflichten ...

… und wohlverdiente Geschenke.

Das Buch

Wer hätte ihn nicht wenigstens spaßeshalber einmal überflogen, den Immobilienteil seiner Zeitung – doch dem, der dort wirklich etwas gesucht hat, ist der Spaß vermutlich bald vergangen. Nicht so Thelwell. Mit trefflicher Akribie entlarvt er allen schönen Anzeigenschein, schildert typische Verhaltensmuster auf Käufer- wie Verkäuferseite und läßt auch dem honorigen Stand der Makler volle Gerechtigkeit widerfahren. Doch wie, wenn der Alptraum schließlich ein Ende findet und man Besitzer seines Traumhauses ist? Dann entpuppt sich vor allem der eigene Garten als Quelle der Freuden und Probleme, sei es, daß letztere in Zusammenhang mit den lieben Nachbarn stehen, sei es, daß sie in der eigenen Natur der Dinge liegen. Fachmännisch wird der wissensdurstige Leser etwa darüber beraten, was bei der Anlage eines Teiches tunlichst zu beachten ist; er erhält Aufschluß über einige Fach- sowie gärtnerlateinische Ausdrükke und wird darüber informiert, was so im Laufe eines Jahres in seinem Garten an schönen Aufgaben auf ihn zukommen wird. Thelwells Haus- und Gartenfibel darf als unentbehrlicher Ratgeber für jeden Immobilienaspiranten bezeichnet werden.

Der Autor

Norman Thelwell wurde 1923 in Birkenhead geboren. Nach dem Krieg studierte er am College of Art in Liverpool, unterrichtete ab 1950 sieben Jahre lang am Wolverhampton College of Art und machte sich anschließend als Cartoonist selbständig. Er lebt in einem Dorf in Hampshire.